# CHRISTMAS ACTIVITY BOOK
## FOR KIDS

Woo! jr
KIDS activities

MW01136979

Teachers, librarians and parents have permission to reproduce the activities in this book for classroom and home educational use. No other part of this publication may be reproduced in whole or in part, shared with others, stored in a retrieval system, digitized, or transmitted in any form without written permission from the publisher.

Copyright © 2016, Woo! Jr. Kids Activities / Wendy Piersall. All rights reserved.

Woo! Jr. Kids Activities Founder: Wendy Piersall
Production Coordinator: Cassidy Piersall
Cover Illustration: Michael Koch | Sleeping Troll Studios www.sleepingtroll.com

Published by:
Wendybird Press
1151 Lake Ave.
Woodstock IL, 60098
www.wendybirdpress.com

ISBN-13: 978-0997799330
ISBN-10: 0997799331

# HOW to USE This Book!

## Crossword Puzzles
Guess the words in each puzzle by using the written clues, number of letters, and letters provided in words you've already answered.

## Word Searches
Find the words from the word list hidden in the block of letters.

## Find the Matches
Find the two drawings on each page that are a perfect match.

## Hidden Pictures
Find the shapes in the bottom area hidden in the picture, then color it.

## Dot to Dots
Draw a line from the first to last dots in numerical order.

## Mazes
Find the unobstructed path through the maze from the beginning to end.

## Coloring Pages
Use crayons or colored pencils to fill in the areas.

## Paper Crafts
Paper mask and paper ornament instructions are on each project page.

# Reindeer Mask!

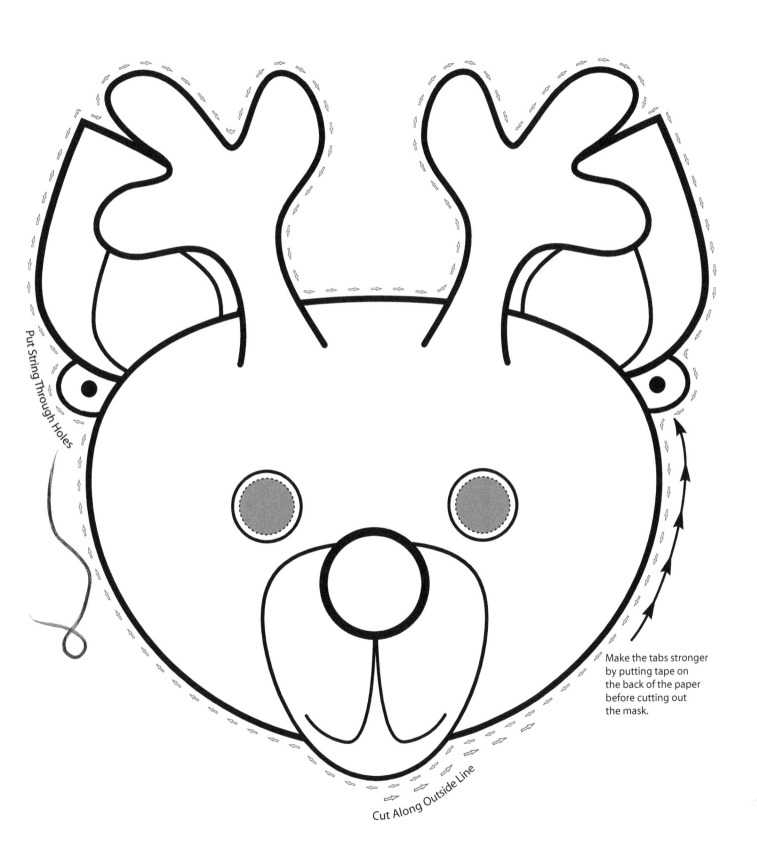

Put String Through Holes

Make the tabs stronger
by putting tape on
the back of the paper
before cutting out
the mask.

Cut Along Outside Line

# Christmas Characters!

**Across**
2. The jolly fellow who visits homes on Christmas Eve. (2 words)
3. A sad man who isn't big on spending but learns how to be generous.
5. A green character who really, really doesn't like Christmas and would even try to RUIN it!
6. Santa's favorite lady! (2 words)

**Down**
1. This red-nosed reindeer lights the way.
4. The magical snowman who comes to life!

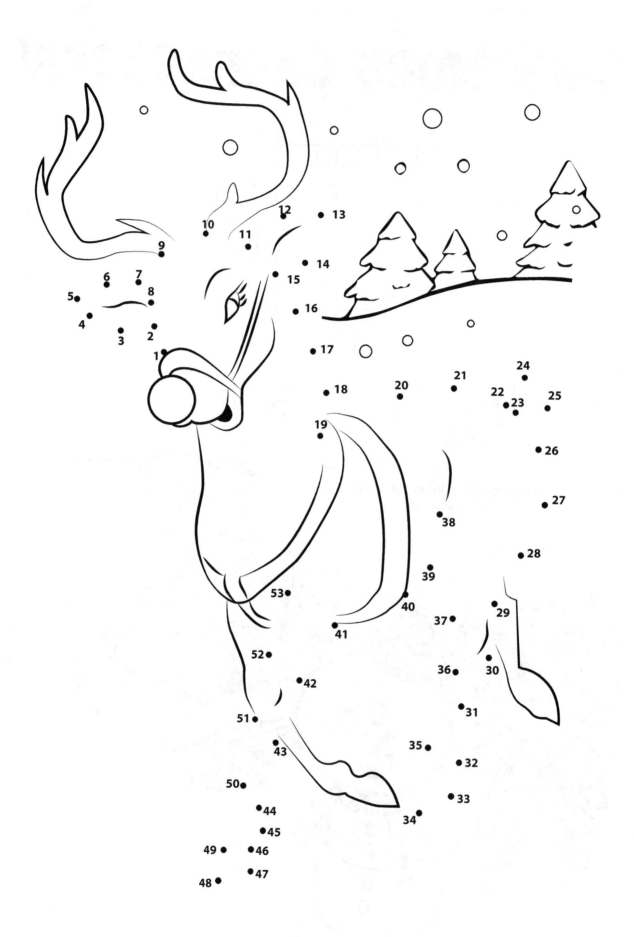

# Find the match!

# Christmas in Different Languages!

```
Y R C R L A Z R Y I B Y W I V O M L X H M Q B Y S C C Z F F S W Y S H
D J D J K L K G Q H U R V K F E K Q Y D I E W R W R P Q E A O F A E F
E L A T A N N O U B Z U W G W P O F W V E P R P J O Q Z L Z Q W N H P
H X W U B U W B L C U D F C D H I M C F J Z X R F M W X I I D D P B R
M B F O Y R X I K W U P V G Y F D H K U X M H Q Y Z S I Z N L C F F U
K N R J W V E E W W A R F K B E M T X C P C A T W C P M N J B G L F Q
J M A S Z M U Q Z N P G T J B L Z S K N S C O E T A H U A T G Y D P J
A T N P T P W V D M S F R D A R F U M I M U L E P N K R V F Z Z F H N
N T P C L B V F V W N W Z O N D W B R X F J Z S O X U E I R O J E B R
M R B H S S X Y M Q B G P I W D E G O C L B F V F C J A D S F Q J L Z
R O G U X F P Z V B L M I U R N H D J Q O T L Z E W I Y A W T T G P O
R N C Q A X R W T T G G Z Y V H J T V O B L U R U Z B N D S M M H W T
F U Q W Q C Z E Y L V X G P T Y Z D C G M O C U K L X Z C V R I A P Y
S M N I H N D L E J M Z F R O E H L I C H E W E I H N A C H T E N S Z
Q B L D V T U D K M W I C O K X C O N O Q Y Q L J R U E Y A A C M O E
F N S B V F E D L B R P U C P C Y Z C D D O B K H R H K N O G T V R A
K G N I F L A Y Z T E N N M E I D Z A U R P P B G F A F R J N G M O I
U A V E I K U Q P D G V R Z M C I B M L F S P C P Z Z N T I R U J M N
E L W G X X B U Z I B I X D B F U B S B D R F U M J D I I U I P E K H
S B J G P L B C U V G T H F W R O N Q R Z N L C D Q G F H Z G R H J B
H U H Z S I M V G Q Z Z Z J J M W R V B D W I S G T G O Z C Z G S R D
L H G D O U R L G I K J P J P K X J W V F X C Z H F R X W S T D D I Z
T Q B J U B H L T U O Q L D I W C I Q O P K W Q E N F Z F K Y D G F C
B J M Q J S M L T N Q V M W G I L G G L C D L D E R W B A V U H N U O
K M L G M T G J V Z H L J M Q A V K X D X D C Q X Q Y B P T G K B B O
L B J H K D P N L E M J P Y U Q X Q E S L B V F T Z X R O I S A P L I
U E T Q S V D F C J R O N D N L O D O V O C V N X U V Q O B L S Z M O
K A O C R N N J X Z R M F J X X T K Z D S Z K R B G U H B Y X P L D Q
U F C N G Q Q I G S J D W C A D H W T E B I F L O F V Z U D H E Q L C
U Z F R X X L L K P B S G H O V J U N V D M Y J E N H C B T G P V I J
C Y Z J E U R M G V H D B N A S L E T Q F H N L A O Q E P S S N A J K
V F K Q P Z E K C Y V N A Q M K Z G L M F L R O Y S W L G D P B X T D
S R S Y N P Z Y C I W K I N T O V M R J X B V Q E F T Z V D K A G P E
P V F Q P Z L Y O U P P Y V M W J Y I E G G R P S V I S T X T P P B G
M E A R M P N Y Q J L K Q D Q Z R W C U P D M L S T W R V F I W X J C
```

Buon Natale
Feliz Navidad
Froehliche Weihnachten
Gledelig Jul
Joyeux Noel
Merry Christmas

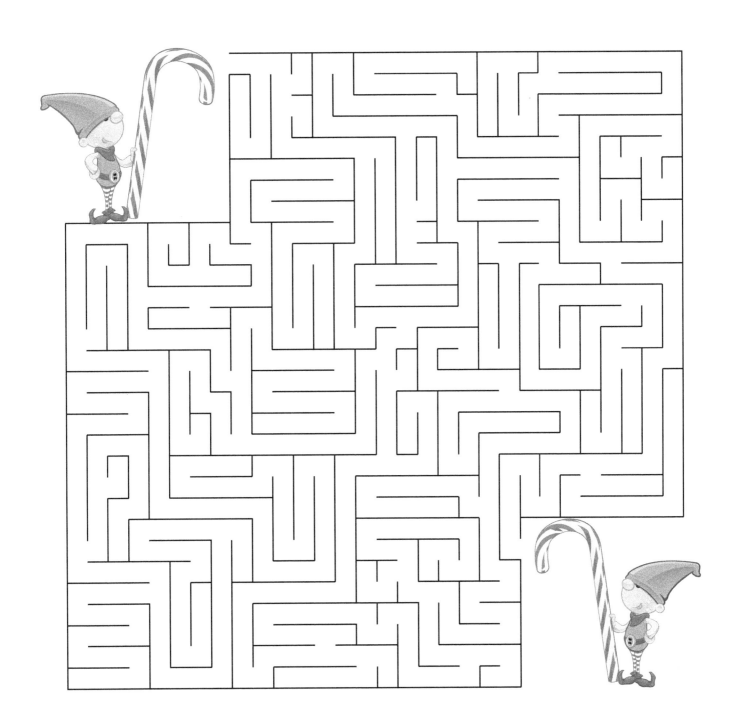

# Christmas Gifts!

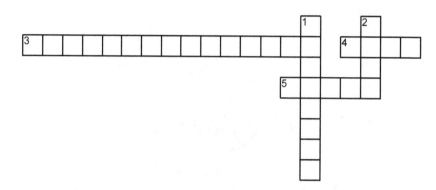

## Across
3. This tiny gift will be inside a long sock! (2 Words)
4. A _____ is a cute gift for anyone who wants to dress it up, do its hair or pretend it's real!
5. These are flat, word-filled greetings that can be mailed almost anywhere.

## Down
1. An _____ is a special surprise because you get to hang it on your tree each year.
2. These are made by Santa's elves at the North Pole.

# MRS. CLAUS MASK!

Put String Through Holes

Cut Along Outside Line

Make the tabs stronger by putting tape on the back of the paper before cutting out the mask.

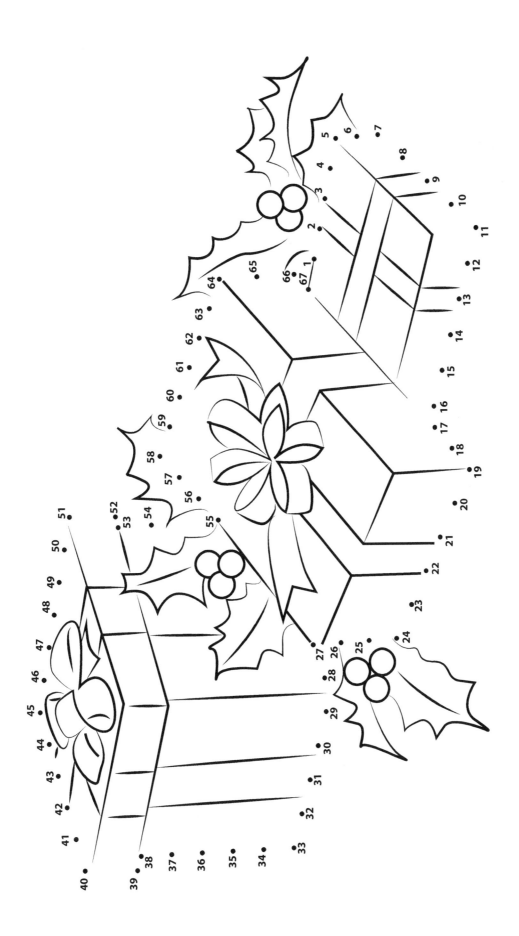

# FIND the MATCH!

# Winter Sports!

```
K L Y E F Y W J S U X Z G U O J G D J J P V N L A S J N K I S U W M V
K X C F P K N K Z N Q U R A I S N J X X P Y R G T B S J Z K A G O D Q
K R L Y C V M Q S B O X K O M D I P T Q H G O C P I M F E W A E F E P
D N Z H Z K I O T T J W J Q D E I E U F S R M E C Y M L S D F U Y D E
J Z U F M G O M W K E M M P N J K O S H W A R P S I E L L U L J Z M R
Y U V N Y N T X X R K Q R O T H S C J M V H L N B T W F E W S G L U P
P P F F Q K J E O F C S E Z B K G M N P J C D Q O Z M M J W R N P I C
A X D U A A R F Q J K G K W A I G D W P Y B D N A J V Y I K G H T Z F
T O E X A T V J N D K Y H Q T M L B A O M W M W M I A U T X L L I T E
J F J B Z S Y I J H N B E J Z P A I T M O Y U C T F H S S I L D A E A
M G S Q X E R V J W N R W L U E U U N O P O T H G N R L C F C R E A
A B R V W A P V W I A U M F O Y V V Z G B M A D T M F A Y Q R F Z Y W
O K L G Z M F F S S O G O S N O W B O A R D I N G Q R K Q Y I A H U V
R C J K J J U N Y V C Z X I O O F G K P R P N F V M K R U B T S Q Q V
D L D U F T A Z J K S A H W B C Y K G M E V W F I J F G H X X O M F R
U P P K Z C A O O H X T Q L U M L F X G H M X Y I F G J A S L A N Z S
I N M X U F E P S R N O W F E I U E M C W C N W C U H Y W A H H Z C Y
W B B V G B V R M C T A K Q J S T Q N Z C I K Q L W I K S O H W R A C
D D Y O H I I U C Q L X L Q R X Q P F E K C U R M G E D P Q C H I A N N
K S W P I I Y R V X Q P J N G M U H C S Y N T Z X P S Z T P V K S Z Y K
W F K V J N H C I R E V E J P B A H M T K B T L A N Q O E Z L R T E G
L F W E C M R K Q G P A X K N L I F T S Q H B U T F Q B C D E N K K A
K W Y D J I X L Z Y R N X A E B I A U P W A F M X C W O B S I J C H V
G M F A B H R H L U B R A D I E S V F W B W B O E J V G M Q I K U E Q
Y Z E C R Y E V Q S B W J D H Y J W Z H H M Q G F X R G A J U E C P X
M L B N B U G N Q W U R Y O A Q R A Z P I O U X Q A D A L G T T R V M
L Z U G G T P S V Z C C L A I R D S Z K Y L M I Q Q P N U G K A T X X
G H X U N U L H Y D V C V X Q P V P R K Y V K E Z V O I T H Z C K V A
F N M K B X F G C M R P T K K A D R Q J C Z K M T J M N W B G R V V M
O N I X U D S T G A J Y K T U F I H U R V Z E J L N S G R A I W Q A D
J V V L T K A M H Q W L I E S V O S Z U O D N D B H G F A B I C I M D
W S I U R L Q Y Y G U E P N N Q K P U I C R G E E K K W Z J K H R R O
Z K F V O U Q U W T Q K E J B J U C K G X W Y D X C Y J R R Z G C M R
E U E J Y F C B N I V H Y X Q G N I D D E L S I N F Z T A X Q Z H N U
R Q D Y F M R J D F Y H L K L B O A B U U J H Z E Q I P J H X I T J A
```

Curling        Sledding
Luge           Snowboarding
Skeleton       Snowmobiling
Skiing         Tobogganing

# santa Mask!

Put String Through Holes

Make the tabs stronger
by putting tape on
the back of the paper
before cutting out
the mask.

Cut Along Outside Line

# Christmas Decorations!

## Across
4. While he is actually a cookie, his shape is easy to recognize and very popular during the holiday season. (2 Words)
5. _____ are a fun decoration because they jingle!

## Down
1. This is a great decoration while it is still sealed in plastic wrap, but once opened it can be a sticky minty mess! (2 Words)
2. A red and green flowering plant often used for decoration.
3. This is a circle of tree branches, often hung on doors.

# Find the Match!

# Christmas Movies!

E G B C K L B T X X A Y K N I D V M X I A K E P T C V P G G O F E J V
Y R I Y Q O W X E Y C M B T J N O W P T N W D K O S Y Y F D X T Z J T
W X F R D H N O C V B X O Y H S A J W S O W Y B G C T O J E I K I H L
H M N Q D T R Q U A E K C L Z W D K H A R R A Y J A Z K P B F W R K L
T R Z J D C V M Y O C A U E F T C N K W O G V F B D E I J K X W B Y P
A D K T K S S R C G H R Q Z H G U S U O Z M E G I H K T R B W K X I P
R U Q Y C E T Q Q E X W Y E O H G O S N G X U P C D E M L H E J H L D
N Z C B E W G H P U O P P E K C D L H D S V B U J Q P O G W S W N Q R
H Q Q A N K D M E Q S O G G L J L J A E B K N R V X X F N D K D S H F
H R E J Y X I R S G L L I E D W E G D E S U A L C A T N A S E H T K F
O B C A Z T M R R A R X M J R V J D M F F B V D G Y K J G I J Z Y X U
Q S V Y U K H Y R X B I N Y X G T E V U D N S U P I Z G P J B L T T Q
C J R U F M B E M N H M N A W T B S T L N Y Z L A U Q F Y Q H P U B H
I W H N D H X Z W Y L Z Q C L R K J R L C Y S C T L W R B V C I K A H
V Z I F M P B F P O G T W N H G Z P B I R F W Q C N G A T O M N U T E
Y M N W R E C W F T N J R B V W X E Z F G A K N Y K C G Q U M M D I K
L B D E K N B R E G Y B N C Y P H K N E B R X E Y W J L A Z H D Z F F
R P S T S F D C F G O O W F A X N O I O S E E K N U M I M B P L B T G
J S A B C Z G P F S Z X C B H B N I S V L N C S P L Q M L V C N F H S
B R X E V H N G E P U U P P G N P J U T N A Q C E X K J B L I K Z T H
Z B Q V F C O E X C R X W V Q R T T E F O X E E N Q P O H X M G N P I
G C Z W P G G F M J A A A B B L E R M Y U L S M P C G H K G E M D I H
I G J M Y Y V N Y X E Z I T V R K C H H D S E L O A N B J W M V B U X
E R L T O W V S N O M Z E N W D H X M K J G P C I H U T D V E I S P T
G F K K X K S K U O B A W P K A E F A S P Q D W H Z A M M M V K X B X
Y F L Z J P V C J W J U S Y A E S O K W T P F U Z R G M K B I N B B O
L R I P X O Z Y C F P M E U H M Z B E L M V K B U O I K Z O T L B U S
X D R E L X M R Q L K T T X J W S K A P L M F F Q F L S N B G P K I W
S O H U K I K F H E K H H X D Q Z B J V T Q X R F S T C T F C W J W Y
Z H O V U W C U I B H Z O Z T G K D U A R Y V Q P S W V O M P D G S A
H P K E P S I W J B J Q W N I Z G E E D V Q L R Q M S S B W A T F B Q
K O G K E K P A S Y J X D G C T M U E Z R N Z Q V D G V L U X S C D P
I Q I Y U Z K L C Y D U R Q B D P B J F O D X T T L P G U A D W N G M
F K W X F E T W T D B N I L L W C U U Y U I U M P R L L K P V G H H G
W A M O P I O R J U X M J N P Y T T G F N V D N Z K Q T G V W S W A N

Elf
Home Alone
It's a Wonderful Life
The Grinch Who Stole Christmas
The Polar Express
The Santa Clause

# North Pole!

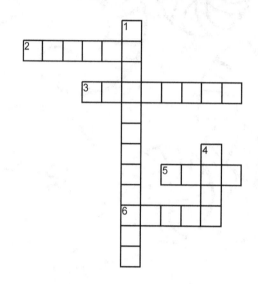

**Across**

2. Santa rides in this all night long on Christmas Eve.
3. Rudolph, Vixen and Comet are all this kind of animal.
5. In order to have a white Christmas, you need a lot of _____.
6. _____ are the ones who actually make the presents that Santa gives to children.

**Down**

1. The day before December 25th! (2 words)
4. It takes all year for the elves to make all the _____ that Santa delivers.

# Snowman Mask!

Make the tabs stronger by putting tape on the back of the paper before cutting out the mask.

Put String Through Holes

Cut Along Outside Line

# Find the Match!

# Christmas Tree!

```
R A M X T P U E N S H H R Y S Z V A A P S I O Y U A Z I Y A X W M W E
F O U E C M K N T P E A Y H P Q T F E A G V C D S G R C W B Q H L V Y
X E J P K P S C N O A O I X W S T Z U R B A A G W I L G E V A M V A E
G F X N D Z N B U K G G O V S Q B K U Z X R P A K T T R G Y G E X P Q
G K L G C X X K E K P X J B B Q H H T Q D L M G P S N Q T L B A Y F V
T B J J K K N J H C S J H N D T F V A U H I S N Y W O Q U D T K K O V
D Q A M M Z D S G T L L B Q G J I D I R E J L D M Q G B Z X W L T O V
H M D A H N W U H N R A M D T C S I Y S S U L W D G Z Z T P O M Q E Q
F Y X P X J K G C S H Z J Y K H X K I X E L T H C Q R D B S X O V L T
B I D F H W I C D L H O Q L Y S B X K Y A N O B O B Q I R B V H I Y B
D H O V E L M P F A H E T T H V Z P G P X K I J W Z M P O B D E K E H
O C Y O C N R S W S Z K H G Y Z O W G V T D W U S U P X U T H E B Z Z
B O D N R G S F R O K W A R N D L A C Z P S R K A P V O X J S W K U U
R B Q Z A M J B M J G C P P X I K U W J B X J H Z I T K B Z O B E T I
Q X H N X T W O S E R F O E F K Z C Y X S Q J N F D E Q Q Y R P V L L
V Q U L W N D T K H V R T A O Y V O Z R Z I P L V E D S S S D J B V
O A M R T I H O U N Y U I E H H S Z I W A I E W J S U Y L M N Z E D M
R K V R O Q S G M H Q E T S E J Y A W T O U B T V Q F C F K I N T T T
C P K I B V P I K Y B T Z Z A X S Q S D F S A B Z C L X B Z S S Y Y D
N O H X G N D F Y A D D T X S C E C C E J H N J O B A T S V G O D M U
V D H I O W O N K L S P V O N U M G S R W B G M Y N H G W J W M R V A
O E B A Q Z D A J R K C Q O X Q I T O A K H E C L F V W E C E C W F R
I D P Z D Q O D C Z C S X J Z L X Y O Y V Y L H T S T E O Y D T T A F
W R E A T H Y E Z A Q B O U C M E W L V S Q Z Q A Q Q C S T W W K U S
U M A O V A B Y I N U U L F Q N Q R O K V A W H H R Z U I D B G B X H
K J B U N L G I D I T S T G X N H M X B Q P S G V S K D P E Z S B T W
N Q B D S M W B Y O T E P F N E Z F N O W E L H F Q L O U V E U D X T
Y K I J S O U N V A K R O U P Z E S Y D N K N X K J O K P D W R T U X
Y E I G O U L J R D N U O U B E Y I O J L Z H A J H E U X N Q N Y D J
I S M K A Q B X A F W D V S R L L E B B K F W T C Q T T R A G A Z I V
Z C B G Y U K D V W H S S R T Y N A U V B Y O Z I Y A T L L C S F U K
E U J X D P A Y E H V C C S G Y Q Y G E N E F P N I D L A R B P M T S
I G R L F V M M Q C K B I W P Y H I O M W L B S E W X N W A T C O D L
R F O N T A S T N E M A N R O D D P M V Z J P S G T X A G V G Y B K
T C Y V J W X F P L W Y A O P U G O W O G S B I F O O S R C T S O Q M
```

Angel
Bell
Bow
Candy Cane
Garland
Lights
Ornaments
Ribbon
Star
Wreath

# cut out & color!

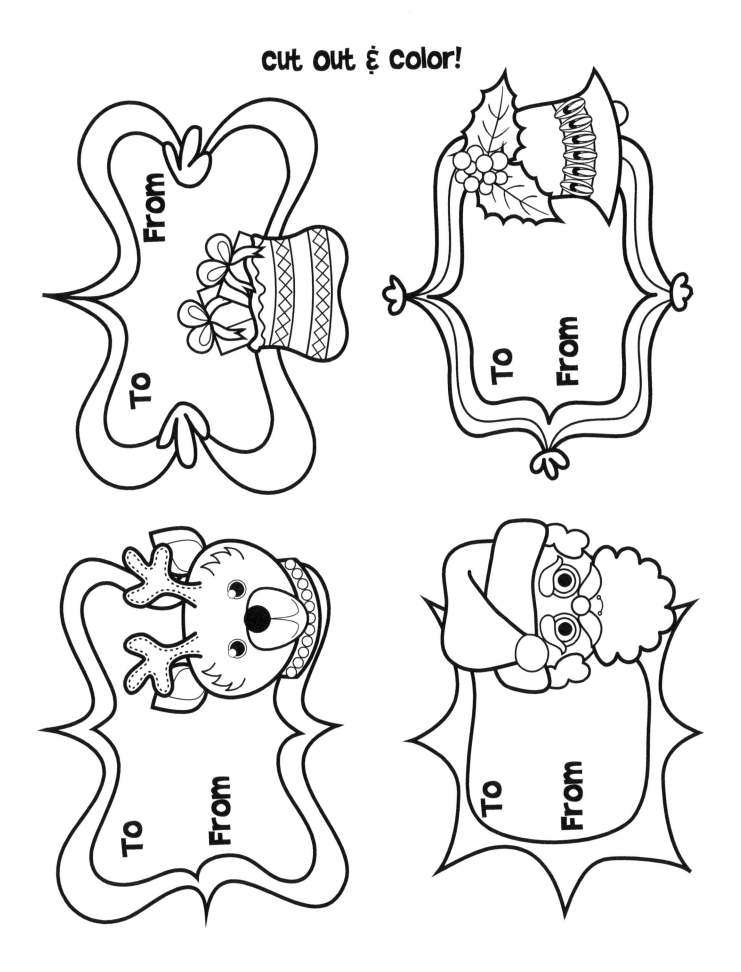

# Holiday Flavors!

**Across**
3. A stick of _____ will stir and add flavor to a yummy mug of hot cider.
5. A powdered spice similar to cinnamon and traditionally used in eggnog.

**Down**
1. This is the minty flavor of candy canes.
2. This pungent root makes the distinct flavor of cookies shaped like people and cookie houses.
3. This all time favorite treat is made from the cocoa tree.
4. Stick cloves into this yummy citrus fruit to make a wonderful scented pomander.

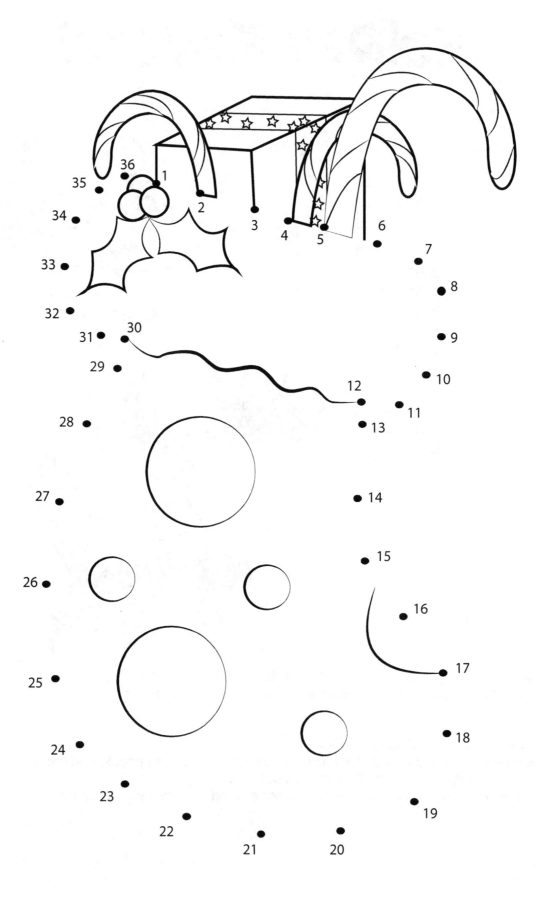

# Find the Match!

# Classic Christmas Carols

```
R W I M F W X J A C F Q B A S H E M V A E B G I P C O N B V F A B F H
P Z D Q K H I Y R W P G W L T M E H D E E S Q L A H R M Z Q H R G R I
Z P X L O M P M O O J M W B Z M R R K W J D K H F O N Z B M Q I K O R
M U G O V X R D U D X B K D L D T N E I O T S R A C T Q Z Y F M F S I
D T O A F D P M F J S A H J N F S A D C O R X T D Y S A L S K E S T B
E P N S E Y S U I M H U I N Q T A S Z W O Q Q V R E H E Z L C B S Y O
J X O C R F D D R K H N W Z X M I J S L M N H V R I N H H R B G T Y
N M J Q O H M Y Y P G M G G E M T K V P B L E G P E V E A V P E N H F
A E W H M X M G N L Q A K A J I S L C T T U P S Y L E J E F O N Y E I
H D Z X N U D F E T A V I W H H I I D X Q H R M S N T B K Y M G U S A
M S K O A U F B I H J P A Y T S R A C W Y Z P N V A C J D C X G S N U
A L V T A J E Q W J N S G L S G H T Y Q M V K K B B N G Q H S P R O Y
S W G G T L C Z C O Y S I U S L C Q S P E M J L I D C T K G I B Y W C
T X B A L M S X W X V R P Y B G E M T O J J P X U E K E A L Y S X M M
K T R R A H O L L Y J O L L Y C H R I S T M A S Q M B E C C I P K A S
H Y O Z H V V A E K N W A S H U T B P W O Q P C R Z L V T S L H I N A
W C W V E S S N X K G O Z V K U D F L W W C W M O J B F A U V A Q Y H
K M M Y W D N G A S U M L L W V N C U H J H Z O N J N M A W C G U L D
W H J M V Q A Z H O K K M U Q H U L J M B J G G S V T W U M S X V S X
Z S R Z C K V X F S I P B T U V O V F E N L T Q D S X Q L P B P K G P
A N A C G R C R L T O O C Z M D R O N F Y F I U I M D D T P B W F N M
D B F Z E N P A V U L Q W H F S A R T H K B S R M Q C M R C W W T K R
S W J A F X T R W C D C H A Z V N P W D K Z H V L L H S N B F D B F L
M E U G M Y N H X J J M M P C J I C E B O C J U I S D B B G P T Z U L
E F R F U M Q H D I X L X Q M J K I R O R B A X I I M P B B S C I D E
Y L B R T J Q F P P V C Q O C J C X X O U J J P S Q G R K G T O Z Y P
R X V K C K K V Q P O F B S B K O S F L C U C R H T C N R B A L G W I
Q N R H Y L S Y P M O P P E V Z R T Y O K J R E S J J F F F V W J M E
B R M R D X R T F U Q D N V T G N Z I X A C T N V E I T Q Q U D K R O
G A G A T Z A C T T X C B E R A T G F W Q O U W P B E H U I H T N B J
P T H E Q K W A G X R X U Y W P F X O E N E T Y P A C R L S N E X T H
G W N F W T Y J R Y Q N P I Z H N X K F H H J C M M D G C T A R T C N
Z R E U W L B C K N Q X L K N W W W H R K T M Q B I J P R E T P J C I
F Y Q D S Q H L D T Y L N Y E G F L L P E A N B V B S Y H T R C R I B
Y O O U L V L J O Q A C O P P A H G O O U Q A O V O K J T B G Z V K R
```

A Holly Jolly Christmas
All I Want For Christmas is You
Frosty the Snowman
Here Comes Santa Claus
Jingle Bell Rock
Rockin' Around the Christmas Tree

# Reindeer Paper Ornament

Color, cut, fold and glue!

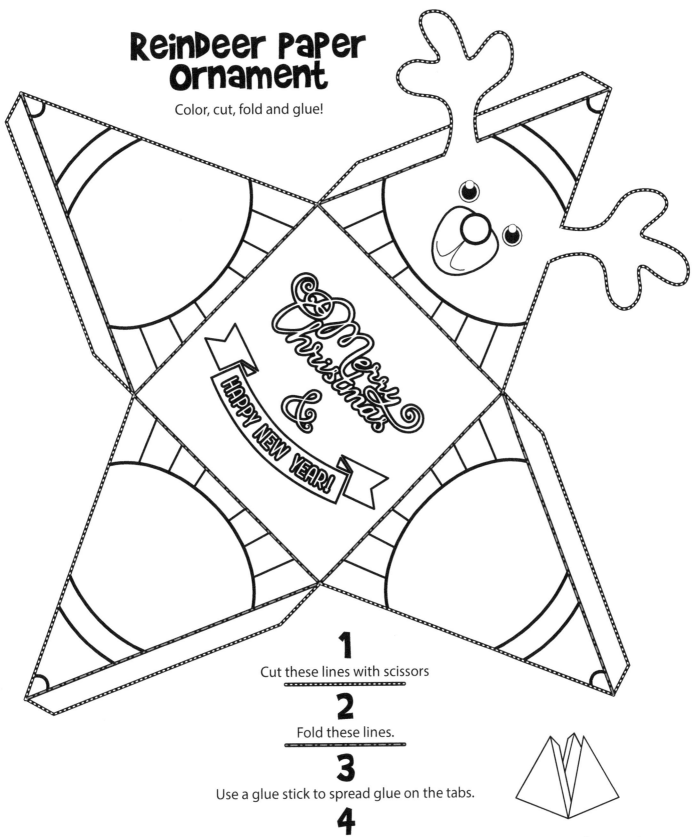

**1**

Cut these lines with scissors

**2**

Fold these lines.

**3**

Use a glue stick to spread glue on the tabs.

**4**

Fold the triangle sides together along fold lines into a pyramid shape, using the tabs to glue sides together.

**5**

Keep the reindeer antlers sticking out on either side of the face as you're gluing it together!

# Winter Weather!

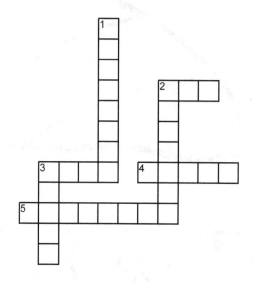

## Across
2. ___ is very slippery and dangerous when on the sidewalk or street.
3. This fluffy white stuff falls from the sky.
4. This unpleasant stuff is a cross between snow and rain.
5. Wear these on your ears to keep them warm.

## Down
1. This big vehicle clears the snow from the streets.
2. These long stems of ice can form on the edges of a roof.
3. Wrap this around your neck to feel cozy when it's cold outside.

# FIND the MATCH!

# Holiday Meal!

```
O D O G C P E P P Q P D X E B W S G K C L C G C S B Y T I J U D T L R
D V I Y A M X B I U G E S V A S X B B H C S O W R P T A B O O X W B P
G M M P P O C Q H L U S V Y I N P D K N X N O D A A N T H U Y N C G A
H C P L B F J U A N F V Y L H W E A E U A U Y Z A G N Q W T I B X U Y
I A Y Y Y J N V P X Z Q C R T C K Y T B C R N A O J D B D L C B J B R
K S I E G B T W P X U B C P P K H R N K F N M F W H D S E K Z M P D W
T B C E L L T X P K W Y N Y V P J E Y C N X H O S T Q C R R K O F X T
Y M W D U J E R A K H C S O G B Q Y W Z V R Y H S S Z V O B R N M B T
G E M F D E Y M G C L L J W B G L R Y X N J I M X T C R C O B I G J T
M Y I Y G G C U D L J V V E Q U B J Y T S W Y D Q F E A D I P T E H Z
M A S H E D P O T A T O E S E O P A P V I M Q X R V N E S I F S H S G
Q A X Z P S G Z Y E T D V P J W F A O C I P M S M B J H B H P J T T T
J T D T G X O Z I O E U C N L O F J V V M T M W O Z K N Q B T D E R L
U I S W A J V E H F J K G Q M E W H N M Y E R U Z L X H D G A P L Z D
M J T H Q C F R D U S M G I V D I C R O O F D A W M D V E O A B B L D
S I C T Z F P H X M B Y E K R U T L B B G F V T J M O H U G G O M C H
C H S P X S W Z N C X N P C U E Z E N Q V C H T Q M C R A C E E U N F
H T Y I G H C R A R T R A U M R W E R E J S V M H R I I Z Z F J E C I
X H T O Z U B R N S B A H P D D O K C E W H H N I U K J G Q Z N M I B
C M F D Y A R T K S A Z G U O L U X J Y Z N D A U C O K Q S K U A D S
U Q P K H O L Q H X D K X T W Q Z L H X X N O X U S Z B F V P O U F I
X X O O T W I R H T V U F J X C A W W C Q O N Y V C X E F Q E T K P C
D H H S I U S F H X K E H I D C O V A P Y K G E P E W R B E C R K P O
H X J Y L Q Q Z C S Q X M U D E W M Y I P Q L A H R K J S G J K E M C
I H Q J K S U A S T K C C N Y X P P G Q Z C H F H G M O N X Y O Y P A
Y B P K W K Q D E U B G B N X C J H R U Q Z S T S T S J M P D M B K N
F Q V Z W Q Z E L F V Z Z Y T I U D N B Q T S T L V M Q Y X T Q S M I
Y T V L P F G W P F L Z R L J H W S K V J C U D L J R T N T E H B A W
Y B D K D O V A H I C F C T Y K T L G Q V D T N O B V P N R I M I U W
G I Z Z Z G M H B N N Q U X G B Y N P S C V O E R Y V D Z E A M C I K
G B F C N N J F M G Q Y U H Y A R H G U X O Y L W W O A C H S P R E N
A R M G C V B Q X Z I B C L Q W W B F H J J W R J C S H J V V I C H S
C Y K N M Q E C P A A U W H M Y B H Z C W H W A P T T R A O D I T I F
I O C X O A E G U S K A P E I J F N C D B Z D Z U A K D R M T C B A P
S A T S R P I N U U C I F I N D B I W H F H F X M I R A T U U L U A D
```

Beets
Carrots
Cranberries
Ham
Mashed Potatoes
Rolls
Stuffing
Turkey

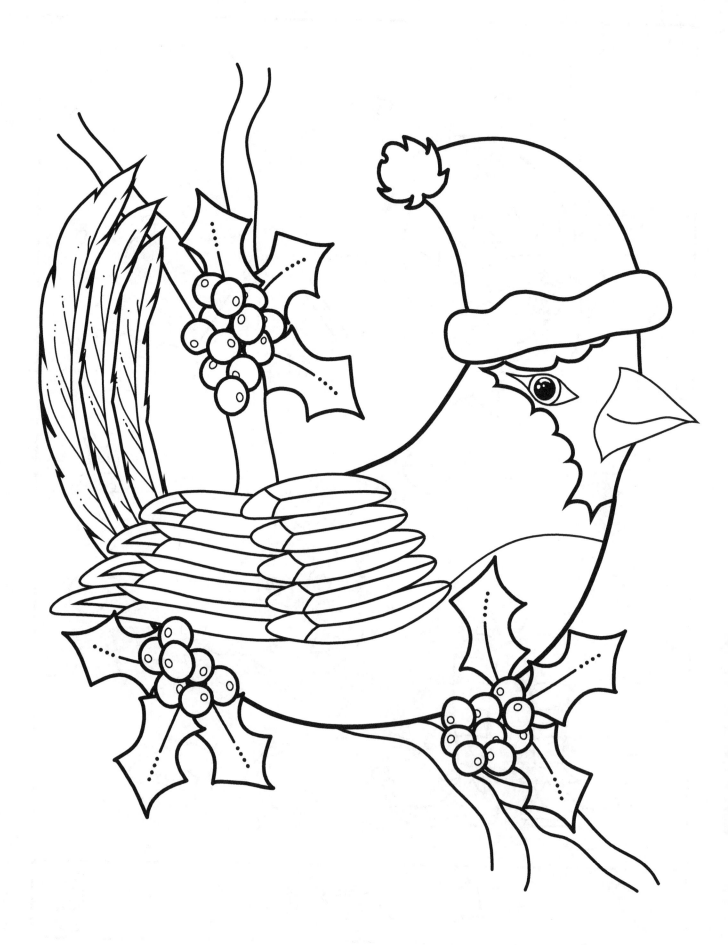

# Christmas Elf Paper Ornament

Color, cut, fold and glue!

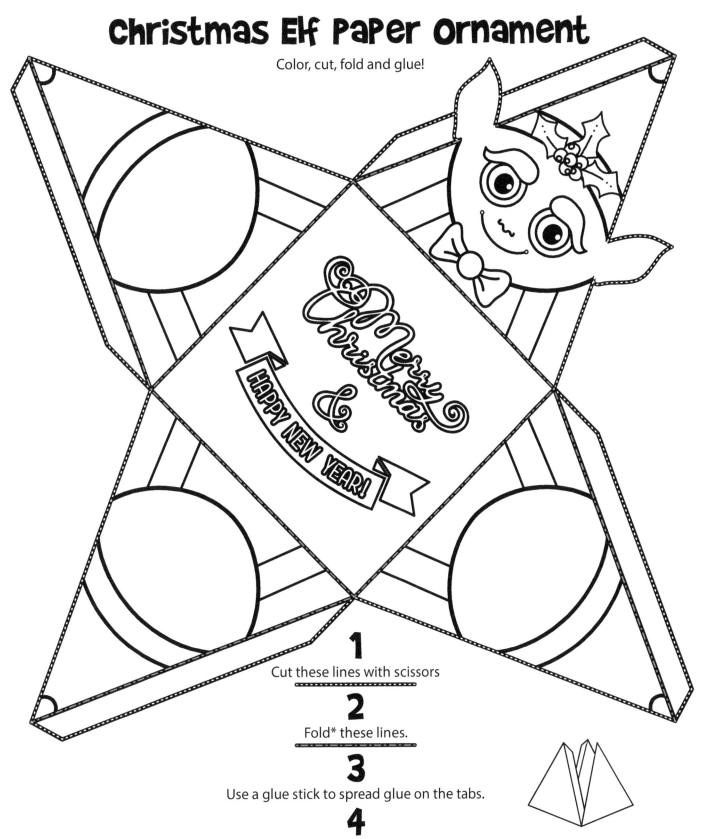

Merry Christmas &

HAPPY NEW YEAR!

**1**

Cut these lines with scissors

**2**

Fold* these lines.

**3**

Use a glue stick to spread glue on the tabs.

**4**

Fold the triangle sides together along scored lines into a pyramid shape, using the tabs to glue sides together.

**5**

Keep the elf ears sticking out on either side of the face as you're gluing it together!

# Wrapping Presents!

## Across

3. This is often used to keep a stack of gifts together and the ends are easily curled.
4. Since many gifts are small, squishy and/or irregularly shaped, putting them in a ___ may be the easiest way to wrap them.
5. Sometimes a _____ is so big it can't be wrapped at all!
6. ____ is critical when using wrapping paper because it keeps all the folded edges secure.

## Down

1. These are important to have when you need to cut pieces of wrapping paper or ribbon.
2. A ___ is often used to accent ribbons and wrapping paper - it can be small and simple or huge and frilly.
5. A box covered with wrapping _____ is the most common way of decorating a gift.
6. Make sure you put a ___ on each present so that you know which gift to give each person on Christmas morning!

# FiND the MatCH!

# Santa's ReinDeer!

```
I X H E C P H A H F M W P R W P C L H J V J E V J H F T Z N L R P U R
B M L A J R S S T I O E T K H J H R X I Z X L D Q I P T X H O P N G G
X M A S U J A R B L J L U J J D T S C Z G G Q B G X W A S R J K C X R
P R A N C E R Z I T R H R E J R G P V H N M I R D R V D A G S Y R M R
E U D B G A Z D R E M W T K A Z R W W A G O Y U E H L F C E A D U C U
P J N A H E S Y F L X Q S P X J N O B A K L E B U I V H P O E H R B M
Y C Z M B W O K O X I V O H J J A Q E U O V I I I A U E G T D O U L L
O J E X O S N C T X S K D Y I R J O T X H E G S H E D K K O G V D E K
P F Z F K G W A F N Z V L F B N Z W K V H Q R P I O S G K K L R A N H
K C M A H J E M P R W D Z Z Y Z H J Y V L A S M B Z U L N T I W N M H
S S F N A Q H N M Q H N Z B Q U E P U A Q W E T J G P C L V U Y C X Q
T Z E Z S P L F A D P N U C D F W C O O R O A B U I H W B A B A E D I
Z C N K L Z Q S V Z B I M X Z U V X I F M Q F H X F U X P A E L R A X
E T M O R R E R U P Z U H C U R A X M M D Z G L T S J A Q T K W Q J A
Z S D F M R S H F S V Y Y E J D C R L Q U J D K E A G C X O S R I X C
M U H I L Z Q E M L T L Y H U T A K L C H W R P M K Z B R T I Z E S K
R K I K R A Y C U K G Q B P Z R I R K Z J E I C O J I S S M N X C V D
I D X N Q J D E Q K S L C R Q D B A A O B H N U C X F H K Q V R Y E V
B T M G Z T Q T W Z J O P Q E D G R F Q A Y D E C H M R Z D J X B C J
L L D B G C Q I B R Z L X B G L R P J E I N J G X D S S S N V H O S K
G T I C R K L M G S M T N Z Z V U W J S C G P A U I U M J W K O P A P
Z P O T P P Z V W R L R W I W N D C P K A I R W Y F V I F E Y O U Z F
Q B W S Z F J A K X G R L V Q I K C R S M C Y L B C E I X K Y B Y D Q
S T G S K E D L J C M S F Y P W B Y P V Q C T Q T K X A F K C E N J X
X K V L V O N R E H S A D U U C K W T A J F P E C P W N C S F L N H K
M Z K Z N I V Z X W O U C S X I J P N X M E K U O X R S P O S D G Y M
F F A N U W P A K H Z E I M J G V G N Q D E Q T Q F A K O E H O M Q Q
L G E F L T J T B F J E Z F J F A B H O A Z U K S V Z W O U W B J I O
E R R P H V S V W S K C N O P L T X C N A G W U N E E C H Z T R B L C
M F P B T I J S C X V L K J P H X I O Y L H F O B E Q M D X U J T H Y
X I F O H O Q G I K O B L U P X J W C M R E P C W R E E J F O N H A X
G T T L T F O S A K M S Z X C U L V X D T Y M U X I Z U T Q B Y L L Y
J B B Y Y P T J T N K K S K N T U A H Y F J Y F V F L T D U L V C U G
L L K J E H B C F T W I V C Q X S X E U Z Q P U F K F N T Z G K H A H
D U Q N K I D P P T C M D Y L R R W G U Y N H B L I B K T S E P V W U
```

Blitzen    Cupid    Dasher    Prancer    Vixen
Comet      Dancer   Donner    Rudolph

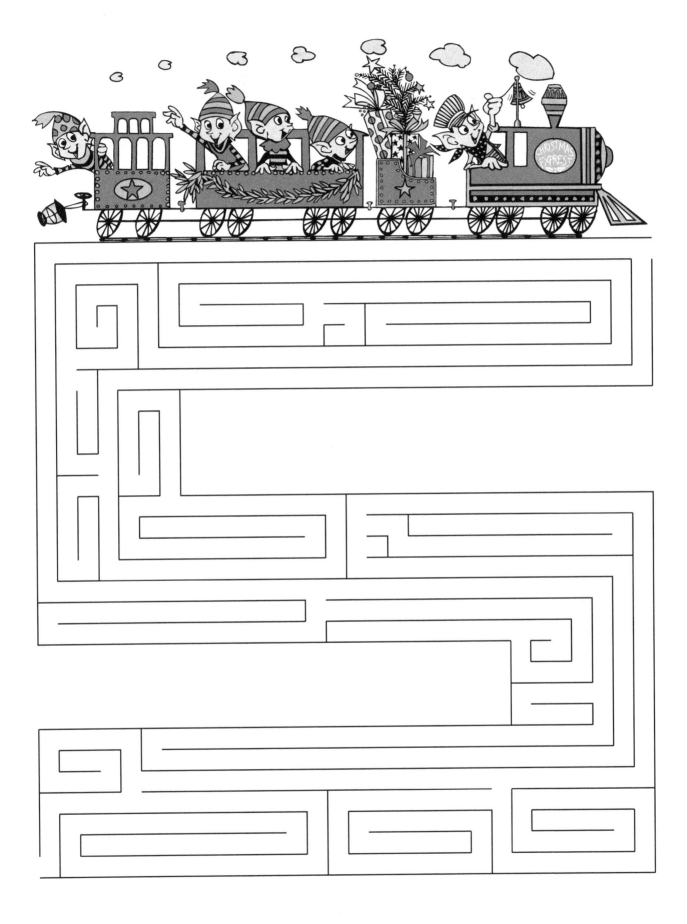

# santa claus paper ornament

Color, cut, fold and glue!

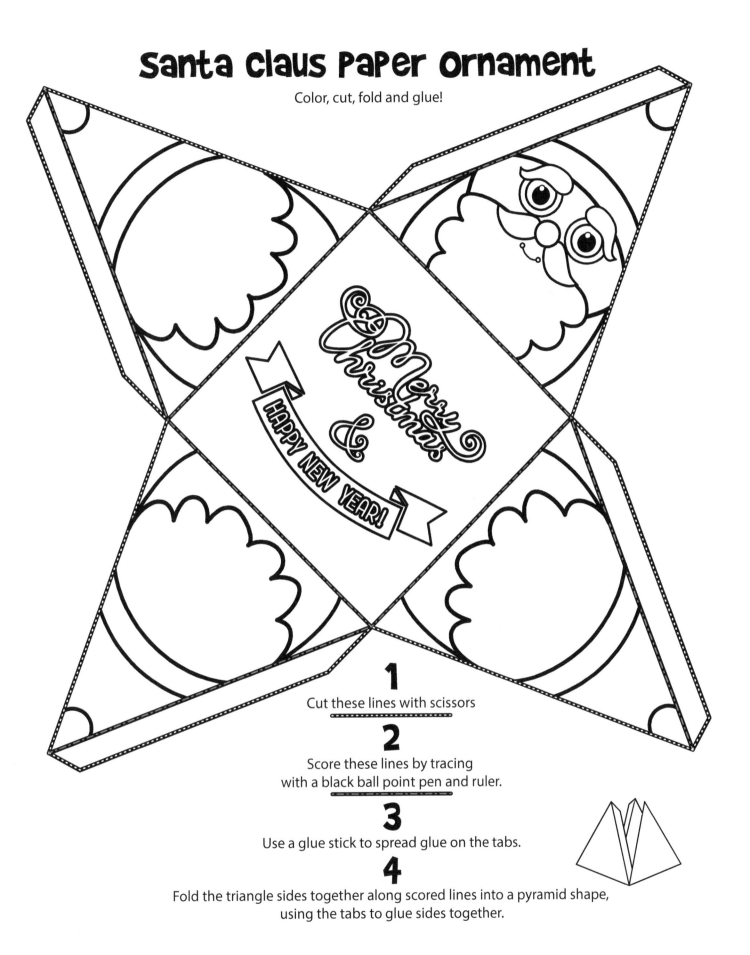

Merry Christmas & HAPPY NEW YEAR!

**1**

Cut these lines with scissors

**2**

Score these lines by tracing
with a black ball point pen and ruler.

**3**

Use a glue stick to spread glue on the tabs.

**4**

Fold the triangle sides together along scored lines into a pyramid shape,
using the tabs to glue sides together.

# Christmas Desserts!

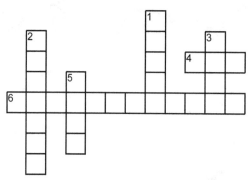

**Across**

4. Gingerbread ___ cookies are easy to decorate - just give him a face and buttons!
6. _____ are the perfect fruit to cover in chocolate!

**Down**

1. Classic _____ cookies are perfect for decorating.
2. A chocolate covered _____ is tasty because it is sweet, salty and crunchy.
3. A candy _____ typically looks like a swirling stick of red and white.
5. Yule log _____ is an old fashioned, unique dessert made to resemble a real log.

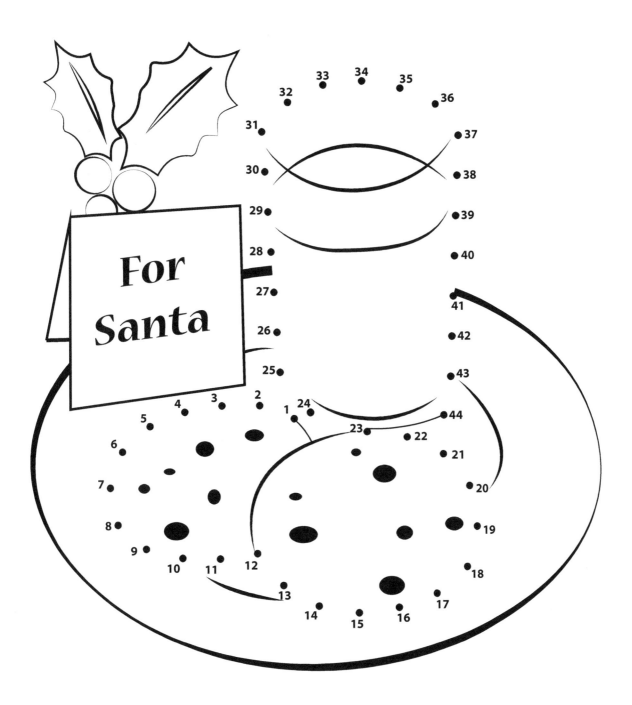

For
Santa

# Find the Match!

# Things made of Snow!

V F Q T U D R M I R X P Q S X M O M S G J D H O S V I I U Q B R K V M
U G K A T V H J W M R Q Y U J Z Y Y N Q E W A E O X L L I X X F X U L
E S T S A B D S X I Z J P O P U O A O M Q U F L N F B Z Z A J Y M P P
L T O Q Z L U E U W F C O C G F G S W E E F K Q S I S G U M N H A Q P
X Z R W X P D Z H P A Y U G U M Z K B K R P M W Q N Y A T T S M B X C
B N D V Z V J W W J O E M A A P V L A A H A H N O C A Z H L I O I E T
U J Z T Q Q Y V V B C I S N Q G N L L B P R Q W V S L I Y A V O D Y T
T Z H I N O L Q Q C E P Q B R Y C L L S W Q M C Y M Z V W T F B P S L
I A S P T O E L S L L Z Z Z Z C X S S P E A Z R I K O J B Y Y N X P O
J N O O R O M N D E H J B Y Q A Z S Y M N U G U S X N L W S R I F S P
A Z Z J G X V I D H L V B X I Z Y P P E O H V W Y I U B H V V M R S C
C Q P N U X F T F R Z T J C B T L U O B J R B H U K Z H X B O G X K R
V X U O F U B A B Q T X S C Z M M G Y S S Y X T B V Z W A I L S V Z O
G D T M I L H R H E G H E A Q Z A K R Z D Y V O P H W N T A I I Z N K
L U X D W A F T Y J U I M F C E R B N X N S H T V O W E L Z T C C B U
S K X E V I T G F U V Y K O V D N M K P Q S B U D N C J I C D M Q P O
T P S J Y J H F V M B Y Y S Y V A K I R O T V V K Q B K X P X Z E Y S
K O E E V J W Z A A K E C D K K C F Y P I I L W N C N R J B F C P B N
R U C X C U J M N J L B T Z U Q E U S C H C D G D W X W Q O M H C G O
B F W A W F V L U E Y I S T I C B A U Z T Q P G H C Y X K S J G S B X
B L N Q S Z K R W D S C A T Y I R W J S P W I K H V U I S G M O L D U
X U C G U K S G G Y N U H H P R L N B A Q S J Q G N C F M G V G V E L
N Z Z L S Z M U J J U T W W N F Z G E Z N I E R B J N M E O L N Y Y Q
F J L C A K E H I D E D U B X T P S E I H S U L S R E J U V G Y X F B
R I G J X L T K N T L T E V M X D Y M B N M C O E N M D Q Z P I L O H
K H B V U D U G O E F A J S M Z I J F X L S Z D G Y S B P X B P I R D
P Z E J V V H O O W A W K T J I B B U F B I P I K N O U Z A P O H L K
D F H L K D G L L C N E P X J D Q L D S N E Z P L B K A K C A B U O A
L U F L H H D S G Q Y C Z K H M V A Z C J S J E O D X L W Y R U A G X
Z C H F D P E M I S X M K R X U L U I V X B G R L K V X G L P H G H O
E V G Y L W W D Z H T M L S G T G L W U W N Q J E H V Q K Y L L D L A
Q X D F O V K I Q U P Z E P X D U T R F A N E B O N H M E C J Y S S D
F P J N F M J U X B A H V B B R N Q L E J K L L X C Y T W S U G L B U
K S F Q X H P K M L W W J A O Q S F P B J A D M V J X B S E K I B W N
N C D P R M V O J H B A L S Y H G T Y C R G C Q B F D E V E W M O C Z

| | | |
|---|---|---|
| Angel | Igloo | Snowballs |
| Castle | Slushie | Snowman |

# Penguin Paper Ornament

Color, cut, fold and glue!

**1**

Cut these lines with scissors

**2**

Score these lines by tracing
with a black ball point pen and ruler.

**3**

Use a glue stick to spread glue on the tabs.

**4**

Fold the triangle sides together along scored lines into a pyramid shape,
using the tabs to glue sides together.

# Christmas Traditions!

**Across**
2. Red and _____ are very commonly used as Christmas colors.
5. Some people like to get all their shopping done in just one day and will do it on the day after Thanksgiving, _____ _____. (2 Words)
6. On Christmas Eve, be sure to leave some _____ & cookies as a tasty "thank you" for Santa Claus!

**Down**
1. There are many ways to decorate a Christmas tree, including ornaments, garlands, and an _____ or star to put on the very top.
3. This is often hung over a fireplace or off a ledge and later filled with small goodies.
4. The most common trees used to celebrate the holiday for decoration include spruce, fir and _____.

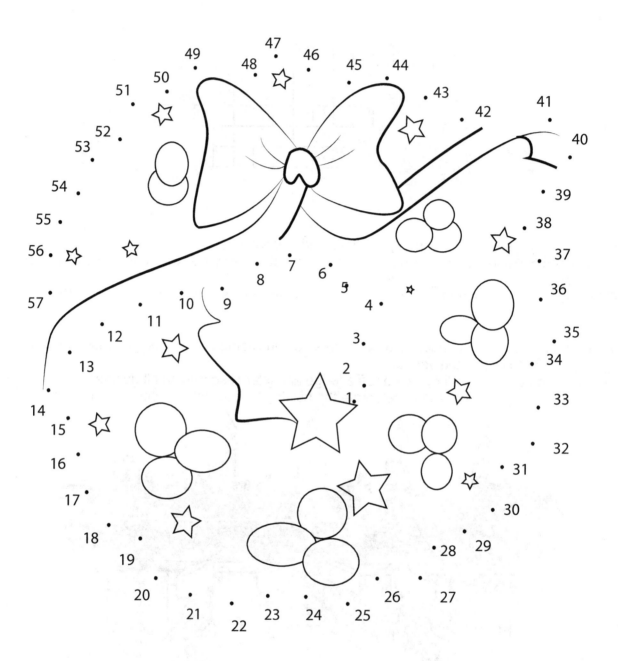

# Find the Match!

# Special Scents!

```
C T R O P N A A C R U E Q L M H V J P T H W T E P H J W S W F Y Z V D
T W K Z Z E S L M B Z I A E O W X M L K C Q X G H R I Q Z I J R M E H
D X T Z R M Q Y Q P P G C F W I M O X P B X T G M D V W R S A O Q V S
P P Z J P V V L O J Y W F P E P P E R M I N T N F I H O H E Z D Y T D
G Z R M H D U O A H P Q E N T U J M M X F P P O N V T L I O D F H J Y
T W F V B H L Z H Y O O C B U H R C P P F R X G Y K N E S N B I F B K
R L D A U P M W U G B L Y D K J N K T B O P T R B B P R R O G F C T O
W Z A M I H F O F N G U X M H A B K M Q C B N Y G W U I N Q P N I M S
V X P A Z I Y S D N N K X X L S Z T V B U G F P H O D P K G Y L Y W F
P E J K D N S J L B T H P Z D G Z K K E H P U E R J A D F R G G T O M
H Q E E S I B G I B D O Z L C L H X W Y R M K X D K X T Y G X M P T C
A A M Y C Z P E F Y O E V K K V I T C Z K Z E M A I Z O X O P U Y H D
K U W V V X L P L W P Q C O T R T U Z R C V R K U L R W W O C N F Q J
E W V R Y S F G M S O G N W W J J C B J Y T Z D Y A A V Y Z X K S M G
C W N V G V U H I J Y M Q W L N M R B O X B G N W L V R R A B E V W
Z J T W Z W F D Q R O T U C Q Q Y P Q O S B G G R R N G C N P A V L W
S W M T G O N L Z J K H F P D B G R N C O M E A Y H A U X V F Z I Y D
K O X L H U W X J P Q H F A Q R X U E Q Q Z S A A Q R S H U L Z Z U O
O U B R W P G O X M T X Y R M Y B S K K I H Y F Z H C Q H Y Q S C M M
Z A U N E U N K O V G X D B C H L E L P A M W K B K T V U J O O N R L
V C C A S V Y P D P Z T C W A E F I L W O K D G N L N X F Q E I Y S H
B Y P O Y J E L U R T K E B I R L F K D C I Y I M K J C I V I F Y F X
M G B C E P Y Z Q S G K S X M F Z G F D L R D C E D M V B R G C R W U
E O A I I X Q G D A X X G A D O K D D Y N J B M A Y B F P L Q S U B K
U M L Z C N R L M M C R L S M U Q Q E N K T Y E H Z O D A G T W B R E
T L P E O P N P L N U D S K L Q Z G E T X E B N N K L N Q U V X Z Y X
F P O Q G A H A B M W Z I B J I B S I W R R N A S M I B E K Y N F H E
F I Q I M O C Y M B V O T C P Q T U Q U E X R A L P X S U T B T F X T
O P T E N I X Z R O E Q N F M H C E W G Q R Q X P W A B F W S D U A V
O M I H K T L E D Q N V H C R Z C Y N O I P K R U U F G G G P H U W O
I F A T X G X M Q I A B J H D C P I E V D M H K R I S M M E U V G P H
E X Y U D P I P I O W S U W I Q G N N K R U N I J P V P J Q Y T T E L
B N U X W P J C B B F F Z Q Q R N N I Q X K K T P T R I X X Z Z H R A
I J K K W X Q E E K E D C M P R N F J P O M B A B S F M M K O B X Y U H
V T A B N S B C Z S B N A G X R K P N L T Y R M A A W Z W V P K U Q S
```

| Cider | Eggnog | Maple | Peppermint |
|-------|--------|-------|------------|
| Cinnamon | Gingerbead | Orange | Pine |

cut out & color!

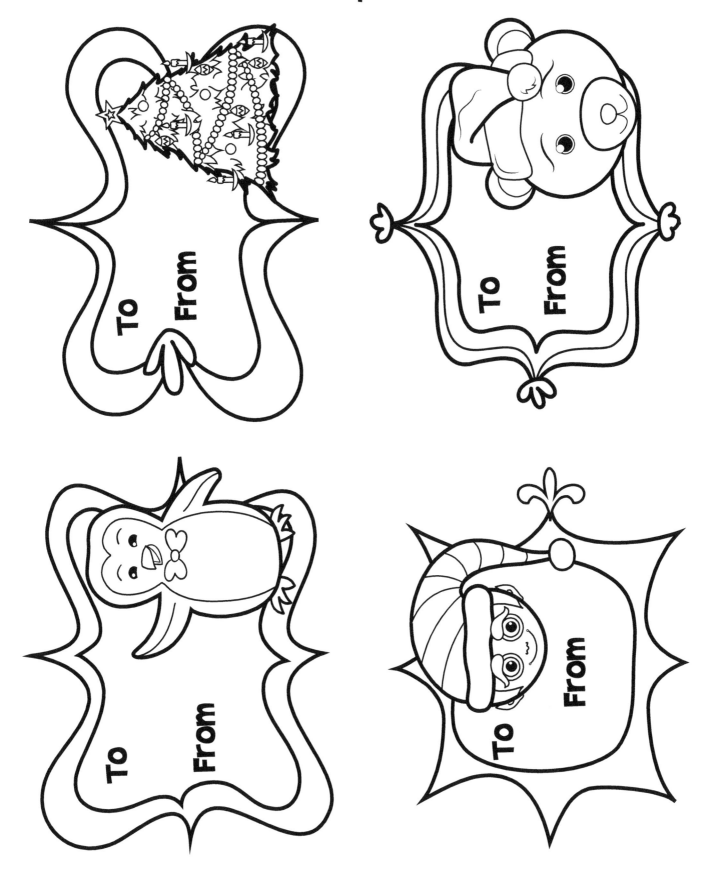

# Snow Day!

**Across**

2. A fun way to ride through the snow, especially down a hill.
3. Even though it's a snow day, you still have to make sure your _____ is done for your next day at school.
4. ___ _____ is a tasty, warm drink made from cocoa. It's perfect with some whipped cream and sprinkles on top! (2 words)

**Down**

1. You can make a ____ _____ by laying on your back in the snow while moving your legs side to side and your arms up and down. (2 words)
2. A _____ fight is an exciting way to enjoy the snow - just don't throw it too hard or someone will get hurt!

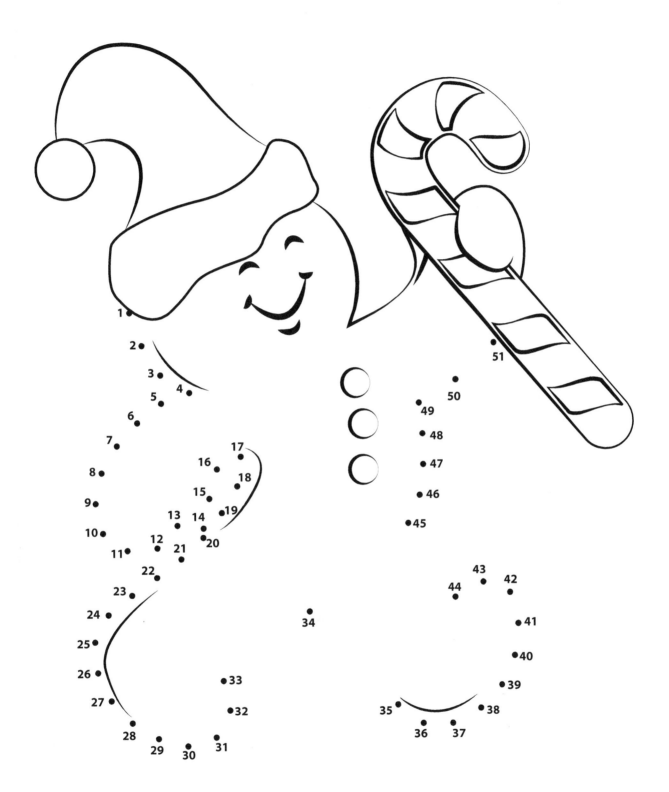

# Find the Match!

# True Christmas Spirit!

```
R S H J T I I G D H M C F S L R H G S S C J A W L E M C G I L F Z E D
S Y E H E V D C L Y J A H B I J W T G A W C Q C G B F W Q G H Z I K H
W I T V K M A F P H J Z C M F M P G D F I T C G T X R W D N O C X Z B
D K U A I M Z M Z O D A O O F A D K A P R I X G X E A E R L U P R E S
L E M M N T K Z Z K Q P C E E W I Y W T W P K M J L C Y O K B W W I V
D G X I E A A H H H R L R S H K S H R A S A N Q T L U P W J M F F B U
V F H F I V J L I A S Z B I O O L F F A A B H F M U U Q P G E M I P R
P G H T F B C W E M Q L O L E B O G J P N S J A U I Q O U V U B J D W
B C X Z T D Y S J R E M K P Q N C E F M R J I C Z G L N Q X A S V Y E
X V K S U Y T Q L X R Q F F H P F X Q R U Y H J S E T X T M A Q D A Q
R S J K Z Y I X O G P O U T W X F C G S L S Q C M Z W T B B K T I U A
T W R E G X J W Y S K T F T I W M M P T E N E F L Z E G H R U R M A G
R E P A P G N I P P A R W G N I L C Y C E R C E K Z K S P F L R Q M V
I S R D Y N F Z U V Z V Y M N E J F B N M X H C U V H E V D B U K K R
D B R J V A E Z O D C U B J K I E E G H E H T Q T W J V L O L O L B T
L S T H F N F K Q C C C O O K P L C C R F C O U K D B V B G W D C K T
U K W J G T D W C F U B L T V K C E X G Q G D R I M W M X S H B Y U B
F J Y K C M V L B P P U B N I L B V V N S Y Q G P I M A N Z Q L X H O
L B I B I L C E Y H W C S M Q C W G M A J X W T K J W R G O O C Q L B
O V P Q Y M J I B W H E R Z I P Y V Z G R I L V R B O Q E Y S S R V K
C K F Y P O C X W I P S C K Y Z M W B R T U P E H S M W J A C O Z Q
G K R Y M K Y K I K I V F A H F L A K C N B F C T L M R S Q C J D F X
N I T H O U W K O Y Q T V V V S O X Z E N H K K H S A U C L R M J U J
M M G Q X R P O H E F E G N Y S L T C B J G N Z L A N H K R J M D A E
P J Z Q N Y C J F Q K W C D P M G B B O R B A K W D R U D A U L I D N
L H R Y M G M N H U S Q B S P H D I I K D R H O H Z U I I R J X M N N
T C F T N G I S F M F T G Y L H D I K K D K T A F U G J T Q H S H I K
C C C I L D B P L C J X U M F V Z K I C N U G H B J M X I Y G S V D P
T K K H N A Y D Z A Z C K D X X K Z Z X V Q N K P A S T L G T L B Q D
V A K B V J L J Q S A B T S Y M D M C W R A I H I Q P J U I H B Q D C
B B L N T D J L H W K F A M I L Y T I M E B E K C I N M I K I L S S J
L O S W Y J Q D B O V S D V O W Q U W C C L B X A O P C R C U I S R Y
K G F D P O X P V G V Z S W R W B E Z N P I J Y X Z C C P M Y N U V G
W X F I F K K X C D D B D X N F U V G O I R N O E V L W H U V F C Y W
Z L K L P S I M L R H M Y W A P U W K P S M N K D H I O G J D I M G U
```

| Baking Cookies | Charity | Recycling Wrapping Paper |
| Being Thankful | Family Time | Traveling for Relatives |

# Crossword Puzzle Answers

## Christmas Traditions!

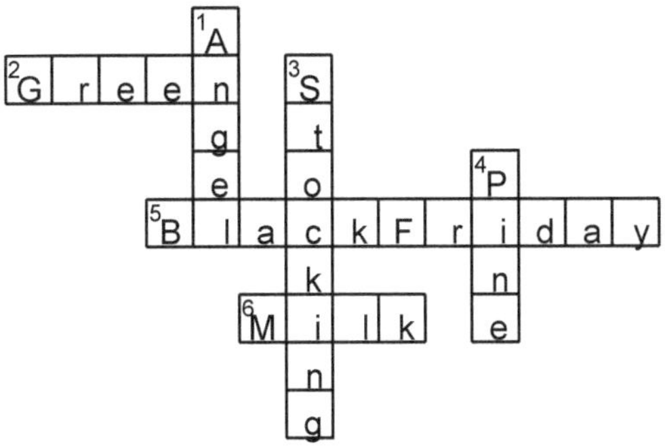

Across:
- 2 Green
- 5 BlackFriday
- 6 Milk

Down:
- 1 Angel
- 3 Stocking
- 4 Pine

## Holiday Flavors!

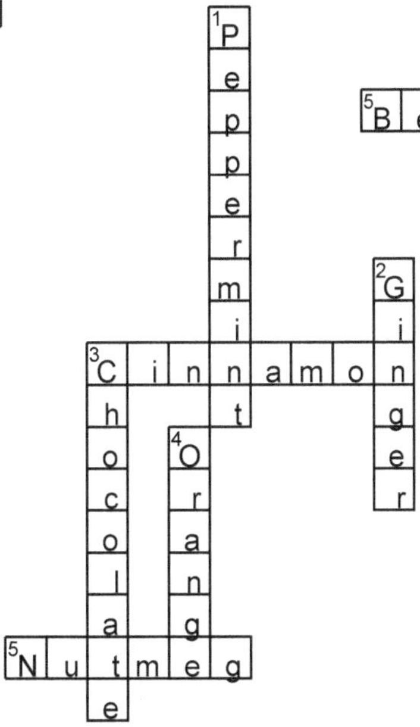

- 1 Peppermint
- 2 Ginger
- 3 Cinnamon
- 3 Chocolate
- 4 Orange
- 5 Nutmeg

## Christmas Decorations!

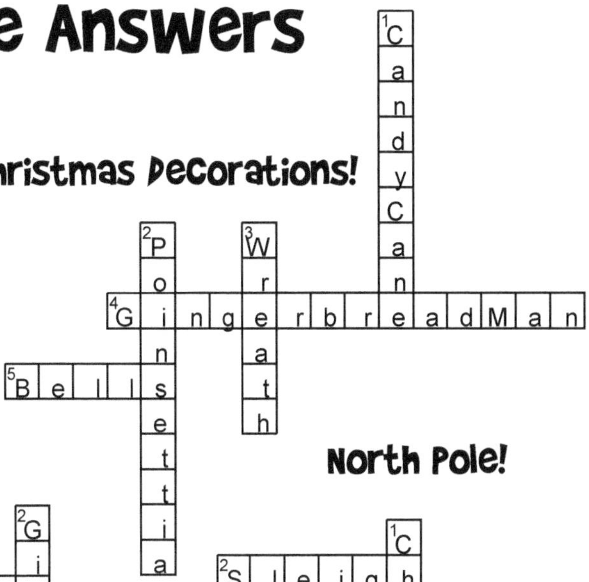

- 1 CandyCane
- 2 Poinsettia
- 3 Wreath
- 4 GingerbreadMan
- 5 Bells

## Christmas Desserts!

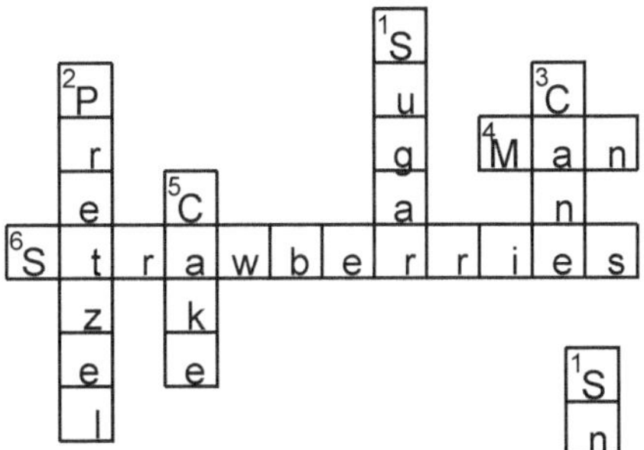

- 1 Sugar
- 2 Pretzel
- 3 Man
- 4 Man
- 5 Cake
- 6 Strawberries

## North Pole!

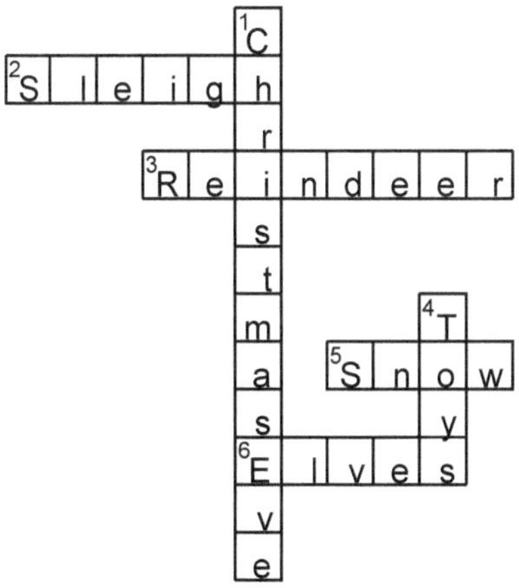

- 1 Christmas Eve
- 2 Sleigh
- 3 Reindeer
- 4 Toy
- 5 Snow
- 6 Elves

## Snow Day!

- 1 SnowAngel
- 2 Sledding
- 2 Snowball
- 3 Homework
- 4 HotChocolate

## Winter Weather!

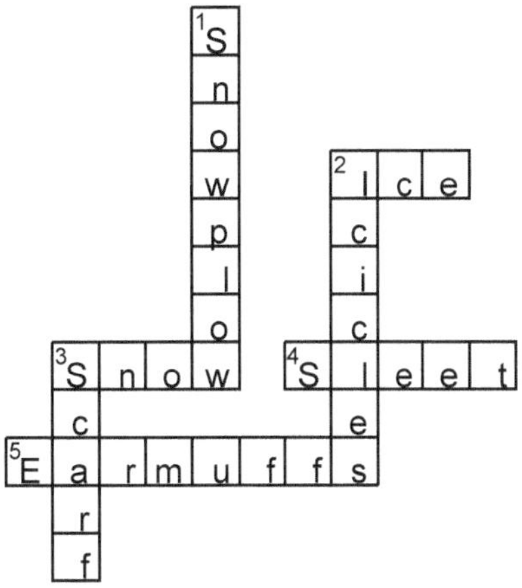

- 1 Snowplow
- 2 Icicle
- 3 Snow
- 3 Scarf
- 4 Sleet
- 5 Earmuffs

## Wrapping Presents!

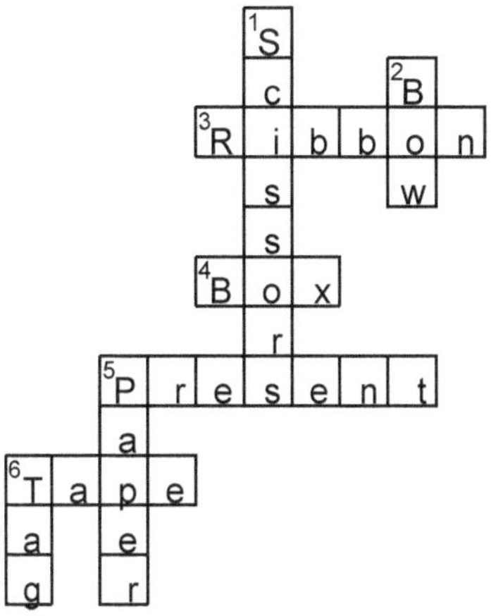

- 1 Scissor
- 2 Bow
- 3 Ribbon
- 4 Box
- 5 Present
- 5 Paper
- 6 Tape
- 6 Tag

## Christmas Characters!

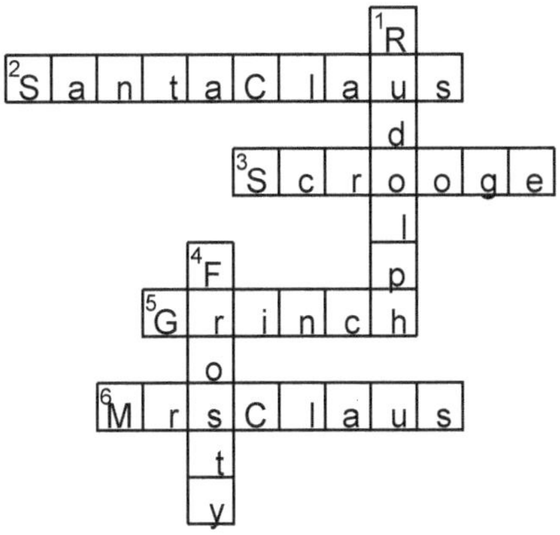

- 1 Rudolph
- 2 SantaClaus
- 3 Scrooge
- 4 Frosty
- 5 Grinch
- 6 MrsClaus

## Christmas Gifts!

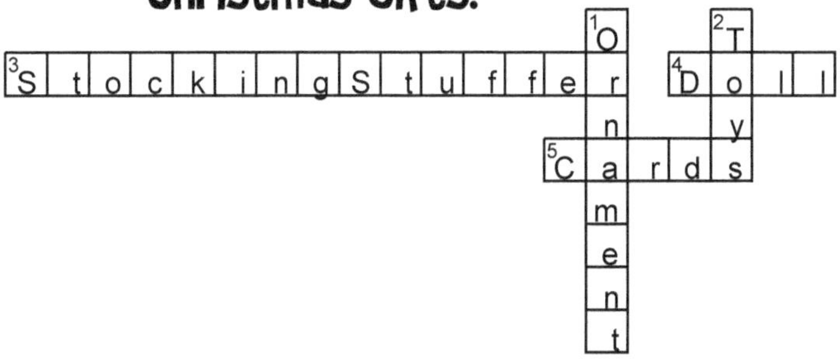

- 1 Ornament
- 2 Toy
- 3 StockingStuffer
- 4 Doll
- 5 Cards

CPSIA information can be obtained
at www.ICGtesting.com
Printed in the USA
LVHW062142281122
734222LV00035B/1575